ORAISON FUNEBRE

POUR LA MEMOIRE DE TRES-HAUTE, TRES-PUISSANTE, TRES-EXCELLENTE PRINCESSE MARIE THERESE d'Autriche, Infante d'Espagne, Reyne de France & de Navarre.

Prononcée au Royal Monastere des Religieuses de l'Annonciade, de la Bien-heureuse Jeanne de France, de la ville de Roüen.

Par le R. P. JEAN VASSE, Lecteur en Theologie au Grand Couvent de l'Observance dudit Roüen, le jour de SAINTE THERESE, au Service solemnel fait pour la Reyne.

A ROUEN,
Chez JACQUES DU MESNIL, ruë Neuve
S. Lo, à l'Image saint Jacques. 1683.

AVEC PERMISSION.

ORAISON FUNEBRE POUR

la memoire de Tres-Haute, Tres-Puissante, Tres-Excellente Princesse MARIE THERESE d'Autriche, Infante d'Espagne, Reyne de France & de Navarre.

Mulierem fortem quis inveniet ? Procul & de ultimis finibus pretium, confidit in ea cor viri sui & spolijs non indigebit. Proverb. 31.

Où trouverons-nous une Femme forte ? Elle est rare, & son prix est aux derniers confins de la terre ; le cœur d'un Mary est en assurance entre les mains de la Femme fidelle, & jamais ne sera privée de ses glorieuses dépoüilles ; dit le Sage Salomon, *Proverb*. 31.

TRop-tost pour nous, Messieurs, trop-tost pour vous mes Dames, trop-tost pour la France & son Roy, trop-tost pour l'Eglise & son Chef, trop-tost pour la Religion & toute l'Europe.

Les Tours d'Espagne font abatuës; les Roses & les Oeillets de l'Eglise Romaine & Gallicane sont fletries; Enfin les fleurs de Lys de France sont separées à la mort de Tres-haute, Tres puissante, & Tres-excellente Princesse MARIE THERESE d'Autriche infante d'Espagne, Reyne de France & de Navare, Epouse de LOUYS LE GRAND.

Trop-tost pour les Prestres & les Religieux, trop-tost pour les Pauvres & pour les Peuples; nostre Illustre Reyne a passé de cette Couronne temporelle à une Couronne immortelle: Et Celle qui faisoit le Charme & la Couronne de la Cour de France, l'objet de tous les Vœux, le sujet de toutes les langues s'en est allée prendre place à la Cour des Princes de l'eternité.

Pourrois-je bien, Messieurs, charmer vos douleurs par le recit des Royalles Vertus de la plus belle Ame de son siécle, de son âge & de son sexe. Hélas, helas! je crains d'augmenter vos larmes par le souvenir de la perte trop precipitée de tant de merite que vous avez faite en la Personne de la Reyne dans la fleur de son âge, dans la mort de la plus Royale Princesse du monde.

Pardonnez, Messieurs, si je tasche avec mon peu de devotion & de zele à temperer vos peines & vos pleurs, en publiant les rares exemples de Vertu que nous a laissez cette excellente Femme, Epouse du plus grand Roy du Monde.

Il est vray que tout étoit fort, tout étoit Royal, tout étoit heroïque en la Vie de MARIE THERESE d'Autriche; J'aurois donc besoin de la force de Sanson, de sa plume & de la Harpe harmonieuse de David pour publier ses loüanges, & mesme de la Sagesse incomparable de Salomon pour faire un discours proportionné à la grandeur de ses merites, afin de contenter vostre devotion.

Tout estoit fort dans sa Royalle Personne, son Corps, sa Santé, son Temperament, son Cœur, son Courage, son Ame, son Esprit, sa Memoire, sa Volonté: Enfin toutes ses manieres d'agir estoient fortes, genereuses & magnifiques.

Tout estoit Royal en cette Illustre Princesse, son Port, son Teint, sa Taille sentoient sa Majesté, son Ris, son Jeu, ses Parolles, ses Ecrits, ses Lettres, toutes ses démarches; Elle le portoit en Reyne, & faisoit toutes les choses de la plus Royalle maniere du monde. *Bene omnia fecit*, *Marc.* 7.

Tout estoit heroïque dans cette Auguste Reyne, ses Pensées, ses Parolles, ses Actions, ses Desseins, ses Conseils, ses Entreprises, ses Aumosnes, sa Devotion, ses Exercices: En un mot il semble que tout ce que la Religion avoit

A iij

de force, tout ce que la Vertu avoit d'heroïque, & tout ce que l'Amour avoit de grand & de sublime, tout cela avoit esté réüny en la Sacrée Majesté de MARIE THERESE d'Autriche, dont nous pleurons la perte avec toute la France, toute l'Eglise, & toute l'Europe.

Je diray donc à sa gloire, sans exageration, dans la pure verité de la chose, que la Religion en a fait la plus forte Femme de l'Eglise de Dieu; que la Vertu en a fait la plus Royalle Femme de France; & qu'enfin l'Amour en a fait l'Heroïque & la digne Epouse de Louys le Grand.

Toute l'Eglise la vûë comme une Femme forte par la solidité de sa Religion, qui a réüny en sa Personne la plus Religieuse pieté, avec la plus Royalle Majesté, *mulierem Fortem*.

Toute la France l'a admirée comme une Femme encore plus forte par la rareté de sa Vertu, qui a réüny les plus humbles sentimens de sa Personne avec la pratique des plus Royalles Vertus, *mulierem Fortiorem*.

Enfin LOUYS LE GRAND l'a aymée comme une Femme tres-Forte, qui a sçû ménager la Gloire & l'Amour de son Epoux par la fermeté de son Esprit, dans le plus Auguste Mariage du monde, *mulierem fortissimam*.

Voila la Femme tres-Forte, sans pareille dans son siécle, & sa mort est le sujet de vos larmes & de vostre consolation; tout ensemble de vos larmes d'avoir perdu un si rare Sujet, & de voſtre conſolation d'avoir poſſedé une ſi digne Reyne.

C'eſt tout mon Partage.

PREMIERE PARTIE.

O Que le Vin eſt fort (dit un Sage politique) parce qu'il prive l'Homme de ſa raiſon ; mais que les Roys ſoient plus forts que le Vin, c'eſt l'Expreſſion d'un autre Sçavant, parce qu'ils portent la pauvreté & les richeſſes, la mort & la vie entre leurs mains. Enfin, Meſſieurs, les Femmes ſont plus fortes que les Roys & le Vin, (dit celuy qui crût avoir emporté le prix propoſé, ayant mieux rencontré que les autres) parce que les Femmes gouvernent les Roys meſme, lors qu'elles ont du merite, de la beauté & de l'eſprit : Mais, Meſſieurs, vous avoüerez que la verité l'emporte ſur tout cela ; oüy la verité de la Religion fait voir ſa force pardeſſus toutes les choſes du monde, lorſqu'elle ſe rencontre avec la pieté dans une Femme d'eſprit, & de lettre, ou dans une Reyne du caractere de MARIE THERESE d'Autriche, qui a réüni par la force de ſa Religion la plus Religieuſe pieté de l'Egliſe avec la plus

Royale Majesté de la Cour. C'est-à-dire que la grande pieté a donné un merveilleux éclat à sa Royalle Majesté, & que sa Majesté Royalle a donné bien du brillant à sa pieté Religieuse. Elle a toujours vécu dans l'éclat & la pompe de la Cour d'Espagne & de France, comme une Religieuse dans son Monastere, dans la practique exacte de ses Exercices, de ses Prieres, de ses Jeusnes, de ses Aumosnes, & de tout le reste de ses Devotions.

Quæcunque ordinata sunt à Deo ordinata sunt. Comme Dieu n'a jamais rien fait sans ordre. De mesme les Personnes devotes n'ordonnent la direction de leur vie que par l'esprit & la grace de Dieu.

Le bel ordre de la pieté de la Reyne ne ressentoit rien de la foiblesse du Sexe; l'ordre de ses pieux Exercices n'avoit rien d'incommode, comme la Devotion de la pluspart des personnes de nostre tems. Sa Pieté, en un mot, estoit si bien ordonnée, qu'elle ne fut jamais importune, ny au Roy, ny à personne de la Cour. Tertulien disoit de bonne grace, à mon avis, *malo nullam devotionem quam vanam.* Il reprouvoit par ces dignes paroles trois choses qui se rencontrent dans la devotion du siecle & du sexe, beaucoup d'opiniastreté dans ses propres sentimens ; encore plus d'affectation dans ses manieres d'agir, ou de prier, & presque

que toujours de l'incommodité, en tout.

La Religieuse pieté de nostre devote Reyne n'avoit point tous ces défauts. Elle estoit conduite par l'ordre de ses Confesseurs, de ses Aumôniers, de ses Directeurs; & elle vivoit comme une personne du commun, sans aucune propre volonté. Sa Vie estoit reglée selon le tems, les lieux, les affaires; Enfin elle se conduisoit selon le Saint Evangile, selon la Loy de Dieu, & selon la disposition du Roy & de la Cour.

Pour mettre la Devotion de la Reyne dans son plus beau jour, & la faire connoistre à toute l'Europe. Remarquez, que MARIE THERESE, estoit fille de Philipe IV. Roy Catholique, & d'Elisabeth de France, fille d'Henry IV. & parconsequent elle estoit infante d'Espagne, ainsi elle avoit toute la force de la Religion Catholique par sa naissance Royalle.

Elle fut mariée en l'an 1660. avec LOUYS DE BOURBON quatorziéme du Nom, Roy de France & de Navarre : Et ainsi elle estoit Reyne tres-Chrestienne par son Aliance. Elle avoit donc l'obligation de prendre le zele de la Religion tres-Chrestienne : Enfin elle se fist fille de saint François, dans son Tiers-Ordre, par sa Profession solemnelle, & partant elle se nourrit de la pieté Seraphique de ce saint Patriarche. Par tout vous verrez qu'elle fera triompher la

B

force de sa Religion, pour meriter le tiltre de femme Forte dans tous les estats de sa Vie ; soit par la force de la Religion Catholique, soit par le zele de la Religion tres-Chrestienne, soit par la pieté de la Religion Seraphique. Suivons-la pas-à-pas, de Royaume en Royaume, & d'Etat en Etat, vous verrez des Miracles de la force de sa Religion.

Les Roys Catholiques sont zelez pour la défence de la Religion, ils sont zelez pour conserver l'Eglise dans ses Privileges ; ils sont zelez enfin pour estendre l'Empire de Jesus-Christ dans les Pays estrangers.

Nostre Illustre Infante avoit fait paroistre le zele de sa Catholicité à la Maison Royalle de son pere, pendant qu'elle estoit encore toute jeune Princesse dans la Cour de Philippes IV. lors qu'elle vivoit & gouvernoit avec la Reyne sa Mere, Elle donnoit des Conseils & des Ordres, Elle faisoit expedier des Actes pour défendre la Religion Catholique contre les forces des Heretiques, pour conserver l'Eglise dans ses Privileges, & pour estendre l'Empire de Jesus-Christ jusques dans les Indes.

Elle sçavoit trop bien cette Maxime de Salvian Evesque de Marseille (que les grands Noms sont des choses vuides, s'ils ne renferment ce qu'ils signifient, & qu'un beau & Auguste Nom, comme de Roy ou de Reyne, de

Catholique ou de Chrestien, ou de Religieux dans une personne inutile; c'est un diamant dans la boüe, & un ornement dans la fange.) *Nomen sine Re est ornementum in luto titulus dignitatis sine opere, nihil est.*

C'est en vain que vous portez une Couronne ou une Mitre sur la teste si vous ne vous acquitez fidelement de vos devoirs.

C'est en vain que vous portez la qualité de General d'Armée, de Maréchal de France, si vous n'en faites genereusement vostre devoir. *Nomen sine Re, sine actu & officio nihil est, titulus dignitatis sine opere, nihil est, quid est aliud Principatus sine meritorum sublimitate nisi honoris titulus sine homine? Quid est dignitas in indigno nisi ornamentum in Luto. Salvian de guber. lib. 4.*

Les Roys tres-Chrestiens, comme fils aisnés de l'Eglise, ont d'autres caracteres; ils en sont les Peres & les Protecteurs, ils en sont les plus Illustres membres; & les fils aisnés, ils en sont le bras droit & l'épée.

Nostre Auguste MARIE THERESE, comme Reyne tres-Chrestienne, a porté ce triple Caractere, & a signalé sa devotion pardessus toutes celles qui l'ont precedée dans la mesme qualité: Elle a bien voulu distinguer sa Pieté dans le choix qu'elle fit d'Alexandre VII. Souverain Pontife de l'Eglise, pour estre le Parain de MONSEIGNEUR LE DAUPHIN, son Fils aîsné : Et mesme elle a eu le bonheur, avant que de mourir de recevoir les Langes benits du Pape Innocent XI. qui gouuerne aujourd'huy si Sagement & si Religieusement l'Eglise par les mains du Nonce, pour Monseigneur le Duc de Bourgongne, son petit Fils; & sa joye a esté accomplie d'avoir multiplié des Enfans à l'Eglise de Rome; de luy avoir donné deux Bras guerriers, & deux épées invincibles pour sa défence, comme on le peut justement esperer par la riche posterité qui a donné à la France & à l'Eglise, en mesme tems, deux bras droits pour les soustenir dans les siecles avenir.

Saint Paul l'avoit bien dit, que la Pieté est bonne à toutes choses, & bienseante à toutes sortes de personnes. *Pietas utilis est ad omnia.* 1. Timot. 4. mais elle est majestueuse, particulierement sur les Testes Couronnées. Car outre qu'elle fait de grands biens aux membres de l'Etat, c'est qu'elle est exemplaire, & qu'elle entraisne comme par force tous les Sujets à la devotion.

Selon cette maxime, *Regis ad exemplum totus componitur orbis.* Avec la belle pensée de saint Pierre Chrysologue. *O bonitas effusa, o inaudita pietas, o ineffabilis affectio, in Societate census Pastor oves assumit atque ad consortium dominationis servos Dominus adscissit ad Principatum Regni Rex gregem populi totius admittit, sic, sic dat cui deficere cen-*

fus non poteſt ; largiendo. Sermon 22.

Dieu veut que nous ſoyons Saints, comme il eſt Saint; Il deſire que nous ſoyons Roys, comme il eſt Roy : Il veut que nous ſoyons meſme participans de ſa Divinité, de ſa Royauté, & de ſa Majeſté. Il nous donne meſme les moyens & les graces pour arriver à ſon Royaume & à ſa Couronne immortelle, *ſic, ſic dat cui cenſus deficere non poteſt largiendo*. Plus Dieu donne de biens, de Royaumes & de Couronnes à ſes Serviteurs, plus il luy en reſte à donner; parce que ce bien ſouverain & infini ne peut pas diminuer de ſoy-meſme ny de ſes biens.

Noſtre Royalle Princeſſe donnoit aux Pauvres, donnoit aux Monaſteres, aux Religions; plus elle donnoit plus la Providence multiplioit ſes biens entre ſes mains, *ſic, ſic dat cui deficere cenſus non poteſt ; largiendo*.

Noſtre Royalle Infante eſtoit encore fille de S. François, par la Profeſſion qu'elle avoit faite du Tiers-Ordre de noſtre Séraphique Pere, qu'elle avoit fait eriger au grand Couvent de Paris : Elle a gouverné ce Tiers-Ordre plutoſt en Abeſſe qu'en Reyne, avec une pieté des plus rares & des plus exemplaires.

Tous ces glorieux avantages ne ſont encore que generaux & communs à toutes les perſonnes devotes & à toutes les Reynes de France & d'Eſpagne qui ont ſignalé leur devotion dans les années precedentes. Mais voyons en perfpective la pieté Royalle & perfonnelle de noftre grande Princeffe, & nous dirons que jamais Tefte Couronnée n'a donné plus d'éclat à la pieté, & que jamais la devotion n'a donné plus de luftre à une Tefte Couronnée qu'en a fait celle de MARIE THERESE d'Autriche.

Le Sage Salomon, parlant d'une femme devote, & d'une Reyne mefme qui fe mefle de devotion. *Proverb.* 11. dit qu'elle doit eftre bien fage & bien avisée pour ne pas affecter vainement un culte plein de folie & digne de risée; parce que quand la devotion fe mefle avec la folie d'une femme ou d'une Reyne, c'eft un fujet de moquerie plutoft qu'un objet d'édification, *mulier pulchra & fatua circulus aureus in naribus fuis*. Comme fi le Sage eut voulu dire par un efprit de prophetie, que noftre Sage & belle Reyne a toujours porté la Couronne de France, avec la Couronne de la Devotion fur fa Tefte Majeftueufe, & jamais à fes pieds; parce que dans fa Devotion tout eftoit Royal, & que dans fa Royalle Majefté tout eftoit devot & exemplaire.

Plufieurs fois on la vûë dans fa marche, avec le Roy & toute la Cour, en Lorraine, en Flandres, en Franche-Comté; apres douze, quinze ou vingt lieuës de chemin, décendre de Caroffe droit à l'Eglife pour faire fes Devotions, faire Chanter le Salut ou le Tedeum pour la prosperité des Armes du Roy, ou pour sa propre Personne, pour le bien de l'Eglise & de la Religion.

Toujours on la vûë dans le milieu de la Cour avoir ses heures reglées, ses pratiques de devotion, & ses exercices d'Oraison comme une Religieuse : plusieurs fois se relever la nuit pour faire ses prieres : Et quelquefois à Nancy elle estoit ravie d'assister à Matines à minuit chez les Religieux de S. François, dont le Couvent luy servoit de Chapelle. Je ne puis pas oublier, pour Couronner sa pieté, que par tout où elle alloit elle laissoit des marques de sa Magnificence Royalle, en distribuant des Aumosnes considerables aux Eglises, aux Pauvres, & à tous les Monasteres d'Hommes & de Femmes, n'estant jamais sortie d'un Couvent sans y faire des liberalitez considerables.

Quid mirum fratres si pietatem exhibent viscera pietatis? S. *Bern.* Vous admirez sa pieté & ses liberalitez ? & vous avez raison. Mais que pouvoit faire, demande S. Bernard, autre chose, une source de pieté, que de couler en ruisseaux de pieté & de devotion. Quelquefois elle disoit au Roy, avec autant de tendresse, ce que la Sainte Vierge disoit à Jesus-Christ son Fils. *Vinum non habent. Argentum non habent.* SIRE, ces pauvres n'ont point d'argent. Et quand la charité avoit épuisé sa bourse, elle faisoit elle mesme la queste à la Cour, pour donner à des pauvres Maisons de Religion, ou pour les soustenir, ou pour les empescher de tomber, *quid mirum si pietatem exhibent viscera pietatis?*

Il semble, mes Freres, que celle qui n'avoit vécu toute sa vie que de pieté, & dans la devotion, ne devoit pas mourir d'autre maladie que de pieté & de devotion. Permettez-moy, devote Reyne que je vous demande, *quid sunt plagæ istæ in medio viscerum tuorum.* Zachar. 13. Sans doute, Messieurs, qu'elle nous repondra, *vulnerata pietate, ego sum* : Je suis malade de Devotion, je suis blessée de pieté de n'avoir pas assez d'argent pour soulager les pauvres & les peuples, & pour ne pas faire le bien que je voudrois faire. Apres cela, Messieurs, trouvez-moy une Femme de la force & du merite de celle qui nous fait ainsi pleurer, & je feray son éloge : Mais j'espere vous donner l'idée d'une Femme encore plus forte par la solidité de sa vertu.

C'est mon second Point.

SECONDE PARTIE.

Platon dit que l'Homme & la Femme sont un petit monde, parce qu'ils renferment en eux l'estre & le sentiment, la vie & l'operation des plantes & des animaux, des hommes & des Anges. Socrate ajoûte que l'homme & la femme sont des petits miracles du monde par leur situation, la face toujours élevée vers le Ciel, par leur composition de corps & d'esprit, moitié Ange, moitié homme, un peu de reste de la substance de Dieu; selon Tertulien, par leur reflexion sur les tems passés, presens & avenir. Demeurez-en donc la, l'homme & la femme sont deux petits miracles du monde.

Permettez-moy, Messieurs, de dire à la gloire de nostre Auguste Reyne, que c'estoit un petit abregé des Miracles de tout ce qu'il y avoit de beau & de bon, de grand & de sublime dans le monde & dans la Cour.

N'estoit-ce pas un petit miracle de Beauté, de Majesté, de Sagesse & de Pieté : Mais Messieurs quel plus beau miracle de Vertu, que de voir dans sa Personne les plus humbles sentimens, avec les plus rares merites des plus Royalles Vertus. C'est ce que je veux justifier par le té-

C

moignage du Roy, avec les pensées des saints Peres les plus rares.

Tous les saints Docteurs ont épuisé leur éloquence sur l'humilité plus qu'humaine de la Divine Marie, lors qu'estant choisie entre milles, pour estre la Mere de Dieu ; Elle protesta à l'Ange, qui luy en aporta l'heureuse nouvelle, qu'elle s'estimoit bien indigne de cet honneur, & qu'elle estoit sa tres-humble Servante : *Ecce ancilla Domini fiat mihi secundum verbum tuum.* Admirez, dit S. Ambroise, comme celle qui est choisie pour estre Mere de son Dieu, par excellence s'apelle sa Servante par profession & par état *ancillam se nominat, & mater eligitur* : avec la belle raison de S. Pierre Chrysologue, *quia devotus animus infusis beneficiorum crescit ad obsequium augetur ad gratiam, ad arrogantiam non prosilit.* Quoy, dit ce Pere ? cette divine Vierge, qui estoit la fille du Pere Eternel, la Mere du Fils de Dieu, & l'épouse entre milles, digne des ombres du S. Esprit ? Cette divine Vierge conçûë sans peché, née en grace, vivante & subsistente, impecable dans tous les estats de sa vie : Cette divine Vierge, le plus beau miracle du monde ? je me trompe, c'estoit bien le plus beau triomphe de la grace, puisqu'elle devenoit Mere de son Createur & de son Dieu. Cette Divine Femme s'apelle encore la servante de son Dieu, & bien loin d'avoir aucune atteinte d'une seule pensée de vanité, elle professe la plus heroïque humilité; parqu'un esprit bien fait & solidement devot, bien loin de monter à l'arogance par l'investiture des premieres Charges de l'Etat & par les plus augustes Couronnes du monde, ne pense qu'à multiplier ses services & meriter de nouvelles faveurs, ou devant Dieu, ou devant les Roys, ou devant toutes sortes de personnes, *quia devotus animus, &c.* J'attesterois ici toute la Cour, & je prens à témoin tous ceux & celles de la connoissance de la Reyne. Ce miracle de Beauté, cette Femme Royalle, fille d'un grand Roy, sœur d'un Roy, Femme du plus Auguste de tous les Roys, une Femme avec tous ses rares merites, avec toutes ses Royalles Vertus, avec toute sa devotion, avec toutes ses Couronnes, avec toute sa Majesté : Elle disoit au Roy, je suis la tres-humble servante de sa Majesté, que sa volonté soit faite, lors que le Roy luy demandoit quelque chose. D'autrefois elle disoit au Roy & aux Ambassadeurs, à qui elle donnoit audience, ces Majestez, SIRE : Ouy ces Majestez pouriront, & ces fresles beautez seront mangez des vers.

Platon distinguoit à ce propos plusieurs especes d'hommes & de femmes & les comparoit, selon la distinction des metaux, *ducti meliore metallo*. Ce divin Philosophe disoit, qu'il y avoit des hommes & des femmes de fer, de plomb, d'airain, d'argent & d'or. Ces hommes & ces

C ij

femmes d'or & d'argent, ce font des perfonnes qui ont les pieds contre terre & la tefte toujours dans les Cieux, vous diriez que ces fortes d'hommes & de femmes naiffent comme des Anges, & vivent comme de purs efprits pour former & remplir feuls une nouvelle efpece.

Ha, Meffieurs, ce font ces grands efprits, ces forts genies, ces miracles de nature. Ces chefs-d'œuvres de grace, ces hommes Apoftoliques, ces femmes heroïques, riches en vertu & en merite, dont la Sage fait fon difcours; qui ne s'étudient qu'à la pieté & à la Religion, *homines divites in virtute pulchritudinis ftudium habentes, pacificante in domibus fuis*. Ecclef. 44.

Ducti meliore metallo. C'eft de cette trempe dont eftoient formées le Corps, l'Ame & l'Efprit de MARIE THERESE d'Autriche, Reyne de France, qui par la force de fa vertu a réüni dans tous les états de fa vie les plus humbles fentimens de fa perfonne, avec la Couronne des plus rares merites de toutes les Vertus.

Les Philofophes foûtiennent qu'il y a un fi fort enchaifnement entre toutes les Vertus, qu'on n'en peut avoir aucune dans un degré heroïque, qu'on n'aye toutes les autres enfemble. Je n'exagererai point, Meffieurs, de dire que noftre Reyne de France avoit la Couronne de toutes les Vertus Morales, Cardinales & Theologales; & avec cela l'humilité dans un degré heroïque, pour en faire la demonstration, gravés en vôtre memoire ces deux beaux vers, qui luy conviennent avec plus de justice qu'à aucune Reyne du monde.

Principibus tot avis,
Nec conjuge Rege superbit.

O Rarum tanta nobilitate decus, O Rarum tanta humilitate decus. Quoy une Reyne si bonne & si belle, une Princesse si accomplie de corps & d'esprit. Une Fille décenduë de tant de Roys. Une Femme mariée à un si grand Roy, sans un seul sentiment de vanité. *O Rarum tanta humilitate decus.*

Si j'avois son Epitaphe à faire, je mettrois sur son Tombeau ces riches paroles.

In taminatis fulget honoribus;
Cœlo hæret, terris lucet,
Ad spem spes addita gallis,
Quondam recisa virescet.

Hora Epi. 3. Quelques honneurs qu'on luy ayt rendus dans toutes les Eglises du monde, jamais on ne s'aquitera dignement de ses devoirs à l'égard d'une si vertueuse Reyne; elle est déja attachée au Ciel, pendant que nous la voyons briller comme une étoille du matin dans nos Eglises. C'est un double sujet d'esperance pour la France, pour l'Espagne, & pour les Filles de la Reyne, qui sont les Religieuses Annonciades fondées par la Bien-heureuse Jeanne de France

C iij

qui l'avoit precedée dans la mesme Couronne, de la voir un jour au nombre des bienheureux. *Ad spem spes addita gallis; quondam recisa virescet*, & si nous en voulions croire à la devotion des peuples on luy dresseroit deja des Autels, on luy feroit des vœux, *hæc reposita est spes in sinu meo*, & nous dirions avec les Filles de Syon, *viderunt eam filiæ Syon & beatissimam predicaverunt & Reginæ laudaverunt eam*. Cant. 6.

Les Filles de la Bien-heureuse Jeanne ont vû MARIE THERESE d'Autriche dans les atours de vertu, de pieté & de devotion. Elles l'ont crûë bien-heureuse, & se sont excitées à l'envy de se signaler pour luy rendre les derniers devoirs dans l'esperance de voir ces deux Reynes de France à la fois mises au rang des bien-heureux, *hac reposita est spes in sinu meo*, & il n'y a point de Reyne ny de femme au monde qui n'envie son bien-heureux sort.

O quel bonheur, Messieurs & Dames, pour les ames vertueuses, apres leur mort, de s'attirer tant de loüanges & de benedictions des Roys peuples & des. L'Histoire Sainte raporte que lors que l'ame de S. Louys, fils du Roy de Sicile, Evesque de Marseille, frere Mineur de profession. Lors, dis-je, que son ame sortit de son corps, un Predicateur fameux & devot eut le bonheur d'entendre un concert Angelique qui repetoit ses consolantes paroles, *sic fit servienti deo in munditia & puritate.*

Quand je vois toute la France, toute l'Espagne, toute l'Eglise Gallicane & Romaine, presque toute l'Europe occupée à publier les loüanges de nostre illustre Reyne, & à signaler leurs devotions en prieres & Oraisons funebres à la loüange de ses rares vertus ; n'ay-je pas sujet de dire, *sic sit servienti Deo, &c.* C'est ainsi que Dieu fait gloire d'exalter ses fidelles Serviteurs, & à l'égard de nôtre tres-vertueuse Reyne Dieu exaltera sa memoire, & luy fera lever la teste dans la gloire pour recompenser son humilité, & nous porterons cette esperance dans nostre sein de la voir un jour au rang des bienheureux, *hæc reposita est spes in sinu meo*, Iob 4. pour les trois raisons que je vous ay avancées.

Parce que c'est une Femme forte par la solidité de la Religion, encore plus forte par l'excellence de sa vertu ; Enfin, vous ne m'en dedirez pas, c'est une Femme tres-forte par la fermeté de son esprit pour ménager l'amour & la gloire de LOUYS LE GRAND.

TROISIE'ME PARTIE.

LOUYS LE GRAND quatorziéme du Nom à trois caracteres qui le distinguent de tous les Roys du monde. La Sagesse, la Valeur & la Pieté. Sa Sagesse émanée de la sagesse Divine, & qui en est une portion, atteint d'un bout du monde à l'autre pour disposer & gouverner toutes choses avec autant de force que de douceur, & avec autant de douceur que de force, non seulement dans l'étenduë de son Royaume, mais encore dans les pays estrangers, & les Provinces les plus éloignées.

Sapientia cuncta gubernat.

Sa valeur a fait la terreur, oüy la terreur de ses amis & de ses ennemis; elle se fait craindre & aymer en mesme tems, & il n'y a point de Souverain qui ne recherche son Alliance & son amitié, de peur de ressentir la force de ses armes, *ex forti dulcedo.*

Sa Pieté, enfin, s'est signalée pardessus toutes les autres prerogatives pour esteindre les restes de l'heresie dans le sein de la France & de toute l'Eglise, ayant dit plusieurs fois qu'il voudroit avoir donné la derniere goutte de son sang pour la conversion du dernier heretique de l'Eglise & de son Royaume.

Il y a quelque chose de plus à concevoir qu'à dire sur les Eloges de LOUYS LE GRAND, & il vous en restera plus dans l'esprit que vous n'en pouriez entendre de tous les Orateurs, & je suis seur que ceux qui viendront aprés nous auront de la peine à croire les miracles que les

Historiens raconteront des actions plus qu'heroïques du plus grand Roy du monde.

J'ajoûteray seulement à ce que j'ay dit dans la verité, que sa Sagesse est si universelle pour le gouvernement de son Royaume, qu'elle n'a point besoin de Ministres; & que si LOUYS LE GRAND s'en sert, c'est plutost pour les éclairer, & pour la gloire de sa Majesté, qu'il n'en tire de lumieres dans les affaires de son Etat, le plus florissant aujourd'huy de tous les Royaumes du monde.

Sa valeur est si heroïque, que jamais Prince n'a esté si hardy, si intrepide & mieux servy : Ayant apris aux siecles avenir à prendre les Villes auparavant que de les sieger ; comme il a fait dans la Hollande, dans la Flandre, & dans la Franche-Comté ; En un mot, c'est l'Arbitre de la Guerre & de la Paix quand il luy plaist.

Sa pieté, sans coup ferir, sans abatre une seule teste, & sans repandre une seule goutte de sang ; a sçû apprivoiser les heretiques, & ramener les loups devoyés à la bergerie des agneaux par son zele, par son adresse & par sa complaisance.

MARIE THERESE d'Autriche estoit Femme de ce Grand Roy, Elle avoit à ménager sa gloire avec son amour. La gloire d'un Roy, & l'amour d'un Epoux sont en assurance dans les mains & dans le cœur d'une Femme aussi fidel-

D

le que l'a esté nostre Reyne : *Confidit in ea cor viri sui.* Pour contribuer à la Sagesse, la Valeur & la Pieté d'un si grand Roy, il falloit à une jeune Princesse étrangere bien de la fermeté d'esprit & bien de la complaisance pour conserver la paix dans la Maison Royalle.

Voyons ce que dit le Sage Salomon d'une Femme Forte dans une pareille conjoncture. *Accinxit fortitudine lumbos suos misit manum ad fortia, & roboravit brachium suum, manum suam aperuit inopi, & palmas suas extendit ad pauperem.* Prov. 31. Je ne vois rien que de tres-fort dans cette fidelle Epouse : donnons luy pour couronner sa force, une Ame pacifique, un Cœur fidelle, & un Amour constant.

Une Ame pacifique dans les troubles & les guerres estrangeres, dans les embaras & les intrigues de la Cour, dans tous les estats de sa vie interieure ou exterieure, sans colere ny aucune autre impatience, possedant son Ame dans une tranquilité parfaite.

Un Cœur fidelle à son Dieu, à son Roy, son Epoux, & à ses Sujets, sans jamais manquer de respect ny de fidelité aux Commandemens de Dieu & de l'Eglise, aux conseils Evangeliques, aux volontez de son Souverain, & aux besoins de ceux ou de celles qui recherchoient son secours : Enfin un amour constant jusqu'à la mort depuis le commencement de son mariage, qui luy meritera des loüanges & des Couronnes immortelles.

La gloire d'un pere & d'une mere, c'est un fils Sage, dit la sainte Ecriture, *Gloria Patris est filius sapiens.* Prov. 17. Avec la belle pensée du Grand Evesque saint Maxime, dans l'Oraison Funebre qu'il fit de S. Eusebe de Verceil. *Quantæ hujus gloriæ sunt qui tantorum filiorum sapientia & devotione lætatur.*

Quelle gloire pour LOUYS LE GRAND, & pour nostre grande Reyne, d'avoir donné à la France deux si grands Princes, deux Enfans si sages, & deux Astres si éclatans, que jamais la France n'a esté si bien parée qu'elle l'est aujourd'huy du Sang & du Fruit de l'amour du plus Auguste mariage du monde ; entre LOUYS LE GRAND, & MARIE THERESE d'Autriche.

Que dirons-nous davantage de nostre Illustre Reyne, sinon qu'elle s'apliquoit à soulager les Pauvres dans leurs extrémes besoins. C'étoit assez pour la mettre en peine de luy reveler ses petites necessitez, & tout le profit de ses menus plaisirs estoit employé, ou au soulagement des Pauvres, ou à la décoration des Eglises, qu'elle aymoit pardessus toutes choses, ayant fait la queste à la Cour plusieurs fois pour plusieurs Communautez, & particulierement pour le Couvent de Nancy, où elle procura des Ornemens magnifiques, qui éclatent en-

D ij

core aujourd'huy, des armes de la Couronne, dont toute la France & la Loraine sont témoins.

O mort cruelle mort, mort trop precipitée, pourquoy venez vous troubler nostre repos? O Ciel, juste Ciel, pourquoy nous raviffez-vous la plus riche Couronne de nostre Teste? *Mors precipitata venit.* Trop-tost nous avons perdu cette perle pretieuse de l'Evangile, trop-tost nous avons égaré ce Trésor inestimable de la Cour de France. Trop-tost on nous a ravy cette Dragme sans prix. Trop-tost nous nous voyons privés de cette Femme Forte par la solidité de sa Religion, plus forte par l'excellence de sa Vertu, & tres-Forte par la fermeté de son esprit, qui a si bien sçû ménager l'amour & la gloire de son digne Epoux. Profitons, Messieurs & mes Dames, de ce fameux exemple de Vertu. Disons dés aujourd'huy, comme nostre Illustre Reyne, pendant toute sa vie, & particulierement à l'article de sa mort. Retirez-vous vaines beautez du monde, éloignez vous de nous vaines infections de la terre, à Dieu tres vains plaisirs de la vie, nous vous renonçons pour jamais, puisque tout n'est que vanité. *Pallax gratia & vana est pulchritudo.*

Aprochez-vous de nous beautez Celestes, visions spirituelles de la Grace & de la Gloire; Saintes affections du Ciel venez remplir nos cœurs & nos esprits : Et vous torrens des plaisirs de la Maison de Dieu venez nous enyvrer de vos douceurs, pour nous sevrer en mesme-tems des faux plaisirs de la chair & du sang, qui ne sont tout au plus qu'une grossiere fumée & un reste de vanité. Enfans d'Adam, hommes de terre & de cendre; testes superbes & orgueilleuses, jusqu'à quand aurez vous le cœur pesant & penchant vers la terre ? jusqu'à quand demeurerez-vous assoupis ou aveuglez dans le sommeil du mensonge & de la mort, en courant apres tous les phantosmes de vanité, qui s'évanoüissent lors que vous pensez les tenir entre vos mains, *Filij hominum usque quo gravi corde.* Ps. 4.

Les Juifs demandoient à Jesus-Christ des signes du Ciel, & il leur protesta qu'ils n'en auroient pas d'autre que celui de la Reine de Saba. A nostre égard, Messieurs, Dieu pouvoit-il donner un plus efficace & plus miraculeux que celuy de nostre Reyne triomphante des grandeurs du monde au milieu des Grandeurs. En verité, en verité, cette juste Reyne, toute morte qu'elle est, condamne visiblement la vie des impies, des mondains & des libertins. *Regina austri surget in judicio cum generatione ista & condemnabit eam.* Math. 12.

O Genereuse Femme ! ce n'est plus par la grace trompeuse de vos charmes, ny par la beauté de vostre visage, que nous disons tant d'éloges de vos rares vertus, *fallax gratia & vana est pul-*

chritudo mulier timens Dominum ipse laudabitur. Proverb. 31.

C'est, Messieurs, par la crainte & l'amour qu'elle a eu pour son Dieu, qu'elle se voit aplaudie de tout l'Univers ; C'est par la foy & l'amour qu'elle a eu pour Louys le Grand, que ce Monarque auguste luy a fait rendre tant de pieux devoirs apres sa mort. *Date ergo ei de fructu manuum suarum & laudent eam in portis opera ejus,* Prov. 31. Rendons luy donc quelque tribut du fruit de ses Royalles mains, & que ses œuvres pleines de charité & de magnificence chantent ses loüanges éternellement : Car une fois ces Majestez, ces beautez, ces Couronnes, & tout le reste ne vous suivent point apres la mort, il n'y a que nos bonnes œuvres qui ne nous quittent jamais, *opera enim illorum sequentur illos.*

Qu'on luy donne de l'Encens, de l'Eau-beniste, & des Prieres dans toutes les Eglises du monde ; qu'on luy donne des loüanges, des éloges & des benedictions dans tous les ordres de la Religion, & que la Foy, l'Amour & la Gloire facent vivre la glorieuse memoire de l'Auguste Marie Therese d'Autriche, Epouse de Louys le Grand, non seulement dans la Cour de France, mais encore dans la Cour Celeste, par dela les siecles des siecles. Ainsi soit-il.

www.ingramcontent.com/pod-product-compliance
Lightning Source LLC
Chambersburg PA
CBHW060605050426
42451CB00011B/2099